층층나무

| 서문 |

더 곧게 더 푸르게

층층나무는 층층으로 자라며 층층으로 꽃을 피우는 나무다. 우리도 그렇다. 나이도 층층, 톡톡 튀는 개성도 층층, 층층으로 동시꽃을 피우는 층층나무다.

우리는 2004년 5월 22일 충무로 설악산다방에서 처음으로 신현득 선생님을 모시고 네 명이 공부를 시작했다. 어느새 15년이 넘어간다. 식구도 늘어 지금은 아홉 명이다.

선생님은 1959년 조선일보 신춘문예로 등단하시어 올해로 등단 60주년을 맞으신다. 윤석중 선생님에 이어 아동문학계의 원로이신 선생님을 모시게 됨은 참으로 큰 축복이다. 선생님의 동시 사랑은 너무나 지극해서 필설로 다 할 수 없다. 길거리나 전철 안이나 가리지 않고 연필을 들고 시를 쓰시는 선생님. 행동으로 제자들을 각성시키시는 선생님이 계시기에 그 동안 우리들도 많은 성장을 했다. 때로는 엄격하고 때로는 햇살 같은 사랑으로 감싸주시는 선생님! 그 은혜에 작은 보답을 하고자 선생님의 시력 60주년을 맞이하여 기쁜

마음으로 행복한 자리를 마련하였다. 같은 날 층층나무 첫 동인지를 내게 된 것도 가슴 벅찬 일이다. 동시가 있어 선생님은 행복하다고 늘 말씀 하신다. 첫사랑에 빠진 소년처럼 평생 동시를 사랑하시는 선생님! 책이 가득 든 무거운 가방을 메고도 제자들보다 성큼성큼 앞서 걸어가신다. 그 모습을 뵐 때 참으로 기쁘다. 선생님은 드문 명필가이시다. 앞으로도 오래도록 멋진 글씨, 붓펜으로 사인해 주시는 책을 받고 싶다.

등단 60주년을 거듭 축하드리며 큰 절을 올린다. 선생님 고맙습니다. 사랑합니다. 늘 건강하십시요.

우리 층층나무는 선생님의 뒤를 따르며 환하게 꽃을 피우며 더 곧게 더 푸르게 자랄 것이다.

신현득 선생님 시력 60주년에

층층나무

| 격려 글 |

이름부터 짙푸른 《층층나무》에 거는 기대

10년이 넘게 세월이 흘렀다. 동시 시단에 등단한 몇이서 창작 모임을 어울렀다며, 나더러 후견인이 되어 달라는 제자들 부탁이었다. 모임 명칭을 층층나무로 할 거라 했다.

"이름이 싱싱해서 모임이 잘 되겠네." 하며 승락을 했던 것 같다. 그러나 모일만 한 자리가 없어서 여기저기로 옮겨 다녔던 기억이 난다. 주로 조용한 다방을 골라 다닌 것 같다.

한 달 동안 힘을 들여 쓴 작품을 가지고 모여서 작품 토론을 하는 일이었다. 그것이 퍽 진지해서 회원들 시작품이 성장해 갔다. 모임을 마치면 "시가 좋아졌어." 하고 서로들 격려를 했다. 시인에게는 "시가 좋아졌어." 보다 더 좋은 인사가 없다는 걸 모임에서 배웠다.

지금은 회원 전원이 작품집도 여러 권 가졌고, 수상 경력도 있는 중견들이다.

여러 해 전부터 회원 작품을 모아 회지를 만들자는 의견이 있었지만 내가 만류를 해 왔다. 혹여, 하나의 분파로 오해를 받지나 않을까 해서였다. 이제 생각하니 지나친 우려였던 것 같다.

소리치며 출발하는 《층층나무》 이름부터 짙푸르다. 힘과 실력을 내세우는 동인지다. 동인 9명이 자선한 작품을 모았다. 앞으로 더 큰 발전이 있을 것이다.

신 현 득

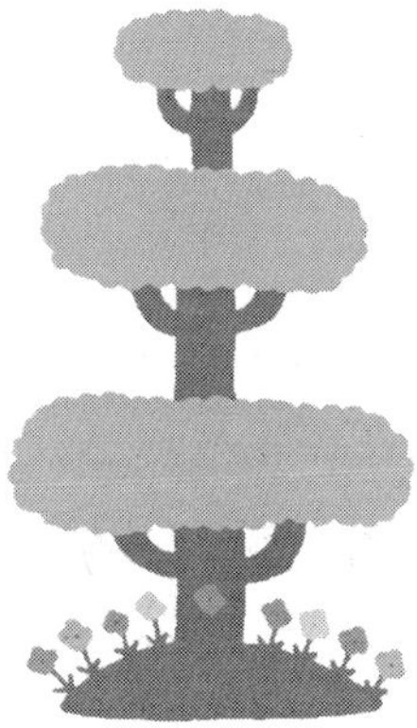

신현득

1959년 조선일보 신춘문예 동시부 입선하였으며, 1971년 세종아동문학상, 2011년 서울시 문화상 등 수상하였다.
지은 동시집 『아기눈』(1961), 『고구려의 아이』(1964) 등과 국민시집 『우리의 心臟』(1987), 『속좁은 놈 버릇 때리기』(2015) 등이 있다.

문구멍 외 1

빠끔
빠끔

문구멍이
높아간다.

아가 키가
큰다.

〈1959, 조선일보 신춘문예 입선 동시〉

동심이 놓이면

동심이 나뭇잎에 놓이면
나뭇잎이 들뜬다.
“갑자기 춤추고 싶네.”
“나뭇잎 우리도 애들 맘 됐어,”
나뭇잎이 그냥 있질 못하지.
팔랑팔랑 팔랑팔랑.

동심이 바람 위에 놓이면
바람도 못 견뎌.
“갑자기 장난을 치고 싶네. 애들 맘이야.”
바람이 구름을 흔들어 털면
가물던 하늘에서 소낙비가 좍좍!
가물던 들판에 웃음이 한다득.

동심이 돌멩이 위에 놓이면
돌멩이도 이상해진다.
“갑자기 걷고 싶은 걸.” 그러자,
돌멩이들 몸에서 두 다리가 쏘옥.
두 팔이 쏘옥.
머리가 쏘옥.

돌멩이 행렬이다.
척 척!

김금래

강원도 평창군 진부면에서 태어났으며 2004년 부산일보신춘문예에 동시 「사과의 문」으로 당선 되었다. 제17회 눈높이아동문학 동시 대상과 제8회 창원아동문학상을 받았다. 지은 동시집 『큰 바위 아저씨』, 『꽃피는 보푸라기』 등이 있으며 초등학교국어교과서에 동시 「몽돌」이 실렸다.

사과의 문

세상엔 보이지 않는 문이 있지
사과에도 그런 문이 있었던 거야.

내가 삼 학년 때,
반으로 그어진 책상의 금을 넘어
살며시 밀어넣은 사과 한 알이
무슨 일을 했는지 아니?

짝꿍 볼이 붉어졌단다
사과 속으로 들어간 햇볕처럼
금이 지워지며 찰칵!
마음 문 여는 소리가 들렸지.

사과는 사탕이 되고
다음날은 빵이 되었단다.

세상 모든 것에 문이 있다는 걸
친구에게도 전해 주지 않겠니?

벌레 먹은 나뭇잎

내가 푸른 잎이었을 때
벌레가 말했지
먹을 걸 좀 주겠니?
내 몸엔 숭숭 구멍이 뚫렸어.

가을이 되어
땅에 떨어져 딩굴 때
한 아이
구멍에 눈을 대고 말했지.
와! 하늘이 보이네
남산 타워도!
넌 이제부터 창문 달린 낙엽이야.

아이는 나를 책 속에 넣어주었어
나는 벌레처럼 바스락거리며
따스한 책 속으로
기어들어 갔던 거야.

거울 속 아이

내가 바보 같은 날
거울을 보았어

내가 울었더니
아이도 울었어

내가 눈물 닦았더니
아이도 닦았어

내가 머리 쓰다듬었더니
아이도 쓰다듬었어

아이가 웃을까 말까
망설이기에
내가 먼저 씩 웃어주었어.

난 빛덩어리

달님이
호수 눈동자가 된 날

하늘에 떠 있는
자기 모습을 처음 보았어.

달님은 울먹였어

이게 꿈은 아니지?
저게 나란 말이지?

돌덩어린 줄 알았는데

세상에 하나뿐인
빛덩어리란 말이지?

꽃피는 보푸라기

길거리 표 양말에선
보푸라기가 피지.

친구보기 창피하다 했더니
할머니는 보푸라기를 꽃이라 생각하래.

그때부터
내 발은 걸어 다니는 꽃밭이 되었어.

보푸라기를 뜯어 후 불면
민들레 꽃씨가 되고
돌돌돌 손끝으로 비비면
이름 모를 씨앗이 되어 떨어졌어.

떨어진 씨앗 속에선
엄마 얼굴이 떡잎처럼 피어나기도 했지.

내 양말에선 눈 내리는 날도
꽃이 환하게 피고 졌어
발꿈치가 헤지도록.

서 있는 물

바다가 되기 싫은
물이 있지.

가던 발길 멈추고
고요히

생각에 잠기는
물이 있지.

세상 물들이 모두
바다로 갈 때

나무속으로 들어가
팔 벌리고 서 있는 물이 있지.

잎으로 꽃으로 피는
물이 있지.

폭포

절벽에서
거꾸로 떨어져 봤니?

바닥을 치며
울어 봤니?

울면서
부서져 봤니?

부서지며
나비처럼 날아올라

무지개를
만들어 봤니?

김마리아

울산광역시 방어진에서 태어났으며 2000년 아동문예문학상으로 등단. 새벗문학상과 아르코창작지원금. 경기문화재단 창작지원금을 받았다. 지은 동시집『빗방울 미끄럼틀』, 『구름씨 뿌리기』, 『집을 먹는 배추벌레』, 『키를 낮출게』, 『소를 지붕 위에 올려라』, 『강아지 흉내를 낸 당나귀』 등이 있으며 초등학교 국어교과서에 「키를 낮출게」, 「늦게 피는 꽃」이 실렸으며 중1자유학기제 교과서에 「풍차와 빙글바람」이 실렸다.

키를 낮출게

길을 걷는데
발가락이 간지럽더라구.

"서서 보지 말고
앉아서 봐 줘 응?"

가까이 다가가 보니
정말 작고 예쁜
얼굴들이 꼼지락거리고
몸을 흔들면서
말을 하고 있었어.

어디서 본 듯한
이름 모를 풀꽃들이었어.

개미 가족이 놀러 오고
벌이 소곤거리고 있더구나.

그래, 다음부터
너를 만날 때는
키를 낮출게.

늦게 피는 꽃

엄마,
저 땜에 걱정 많으시죠?
어설프고 철이 없어서요.

봄이 왔다고 다 서둘러
꽃이 피나요?
늦게 피는 꽃도 있잖아요.

덤벙대고
까불고 철없다고
속상하지 마세요.

나도 느림보
늦게 피는 꽃이라면
자라날 시간을 주세요.

조금만
조금만 더
기다려 주세요
철들 시간이 필요해요.

꽃은 엄마다

꽃은
엄마다.

나비 엄마다
벌 엄마다.

나비를 불러
젖을 주고.

벌을 불러
젖을 주고.

이파리와 벌레

미안해
미안해
하면서

야금
야금
갉아 먹는다.

안 돼
안 돼
하면서

송송
숭숭
자리를 내준다.

바다가 숨 쉬는 소리

바닷가 할머니 집에서 자던 날
철썩,
철썩,
철썩,
바다는 온몸이 바다라서
숨소리도 크다.

철썩,
철썩,
철썩,
할머니 안방까지 들렸다.

나를 종이로 돌돌 말아보고 싶어요

향을 싼 종이에선
향내가 나고
생선을 싼 종이에선
생선 냄새가 난다잖아요.
난,
나를 종이로 돌돌 말아 보고 싶어요.
나를 싼 종이에서는
무슨 향이 날지 궁금해요.
상큼하고, 기분 좋은 향이
솔솔 번졌으면 좋겠어요.
맡아도 맡아도 또 맡고 싶은 향기가
포르름 포르름 나면 좋겠어요.
온종일 함께 있어도 좋은,
헤어지기 싫은 향이 나면 좋겠어요.
다음에 또,
만나고 싶은 향이 나면 더 좋겠어요.

나에게도

하루에 한 번쯤은
내가
나에게도 말을 걸어보면 어떨까.

잘 있었니?
뭐 해?
반가워.

남에게 하는 말
나에게도 해 보면
내 하루가 알차고
신날 거야.

그래, 바쁘지만
하루에 한 번쯤은
내가 나에게도 말을 걸어보자
다정하게.

박예자

전남 순천에서 태어났으며 자유문학 〈동시〉으로 등단. 한국아동문학창작상 자유문학상 이주홍문학상 단국문학상, 한국문협작가상을 받았다. 지은 동시집 『책가방 없는 날』, 『혼날까 봐 쓴 일기』, 『내가 말썽쟁인가요』, 『아가는 시예요』, 『병아리 반장』, 『엄마는 내 맘도 모르면서』, 『오줌 싸서 미안해요, 할머니』, 『해님이 집에 갔나 봐』, 『나는 왜 이럴까』, 『박예자 동시선집』, 『우리 아빠 자장자장』, 『우리들은 신나는 1학년』, 『열아홉 살 선생님』, 『그 많던 감들은 다 어디로 갔을까』 등이 있다.

아가는 시예요.

맑은 눈망울
살짝 웃는 입,
꼬물꼬물 손가락, 발가락은
모두 아름다운 시예요.

아가는 시예요.

방글방글 웃는 웃음,
그렁그렁 눈물방울,
옹알옹알 옹알이는
향기 나는 시예요.

아가는 시예요.

봄, 여름, 가을,
그리고 겨울에도
꽃으로 피어나는
곱고 고운 시예요.

그네 타는 아가 옷

귀여운 아가 옷이
빨랫줄에서
그네를 타요.

나풀나풀
춤추며
그네를 타요.

빨랫줄
꼬옥 잡고
그네를 타요.

구름아저씨네 집

엄마!
구름아저씨네 집은
하늘이지요?

커다란 날개로
둥둥 떠다니지요?

세상에서 가장
큰 집에서 살지요?

해님 휴가 보냈으면

엄마!
일어나기 싫어
이불 속이 따듯해.

엄마!
해님을
딱!
오늘 하루만
휴가 보냈음 좋겠어.

엄마 울던 날

동생 영서가
책상 모서리에 다쳐 울었어요.

영서 입술 피를 닦으며
엄마도 울었어요.

영민이가
엄마 귀에 대고 물었어요.

엄마!
아까 영서가 다쳐서 울었지?
나보다 영서를 더 사랑해서
운 거 아니었지?
내가 다쳐도 울 거지?

꼭 잡은 손

할머닌 어디 가나
내 손을 꼭 잡고 가지.

엄마도 시장 갈 때
내 손을 꼭 잡고 가지.

나도 놀이터 갈 때
내 동생 손을 꼭 잡고 가지.

꼭 잡은 손은
다 따듯하다.

얼음 유리창

물 속에 사는 식구
따듯하게 지내도록 해야지.

첫 추위 오면
저수지는 바빠진다.

붕어, 잉어, 피라미, 버들치를 위해
얼음 유리창을 만든다.

추우면 추울수록
겹겹이 단단하게,

바람 한 점
들어가지 않도록.

설용수

서울 돈암동에서 태어났으며 아동문예지에 동시로 등단. 지은 동시집으로 『가을햇살은 왜 짧아지는가』, 『뽕망치 구구단』이 있으며 뽕망치 구구단은 올해의 동시로 선정되었다. 지은 동화집 『민들레의 꿈』, 『눈사람아 춥겠다』, 『아기용을 어떻게 보내지』 등이 있으며 어린이극 『교실귀신』, 『사랑하는 아이』, 『도깨비 이야기』 등 여러 편을 무대에 올렸다.

안개

하느님도 가끔
감추고 싶은 게 있나 봐.

그래서
안개 비단을 짜나 봐.

넓게 짠 하얀 비단으로
세상을 덮어놓고

아무도 모르게
하고 싶은 일이 있나 봐.

설마
하품?

설마
목욕?

설마
설마
햇님과 뽀뽀?

입장을 바꿔 봐

딸기를 먹으며
'동물의 왕국'을 보고 있는데
시라소니가
다람쥐를 잡으려고
살금살금 다가가는 거야.

나는 벌떡 일어나 소리쳤어.
– 시라소니야,
  넌 그렇게 귀여운 다람쥐를
  어떻게 먹니?

시라소니가 우뚝 멈추더니
나를 빤히 보며 말했어.
– 넌 그렇게 예쁜 딸기를
  어떻게 먹니?

자벌레

자벌레가
나뭇가지 위를 갑니다.

몸을 잔뜩 움츠려
산을 만들고
죄악 펴서
들을 만듭니다.

작은 벌레 한 마리가
온 몸으로
산 들
산 들
산 들을 만들면서
앞으로 갑니다.

저요, 저요

나는 심부름을 간다.
베란다 창고에서 감자 꺼내오기.

상자를 열고
검은 비닐을 들췄더니
앗, 깜짝이야.
많은 손이 나를 향해 외치고 있다.
– 저요, 저요, 저요!

나는 팔짱을 끼고 아이들을 봤다.
이럴 때 우리 쌤은 누굴 시키더라?
두 눈을 초롱초롱 빛내며
조용히 손들고 있는…

그렇지!
구석에 얌전히 앉아서
길게 손 뻗고 있는
너, 이리 와.
그 옆에 너
그 앞에 너도!

–엄마, 얘들
햇볕 쪼여줄까요?

매미 껍질

높은 곳으로 날기 위해
옷 하나 벗었다.

꿈을 향해 날기 위해
욕심 하나 벗었다.

나무에 붙어 있는
매미 껍질 하나.

유럽에 가니

화장실도
돈 내래.

물도
돈 내래.

와이파이도
돈 내래.

반찬 더 달래도
돈 더 내래.

누가 뭐래도
우리나라 최고!

스티브 잡스 아저씨께

아저씨는 천재라
하늘이 빨리 모셔갔어요?
그래서 지금
하늘나라, 땅나라가 통화할 수 있는
최신 핸드폰을 만들고 계시나요?

저는요,
내 등을 두드리며
– 아이고, 내 새끼
하던 할머니 목소리 듣고 싶어요.

영상통화까지는 안 바랄 게요.
지상통화 핸드폰
꼭 만들어 주세요.
네?

신정아

서울에서 태어났으며 2012년 《월간문학》에 동시 당선, 2018년 「시 See」에 시가 당선되었다. 2015년 황금펜아동문학상을 받았고, 평론집 『신현득의 동시세계』(2015)가 우수 학술도서에 선정되었다. 지은 책으로 동시집 『사탕, 과자 쉬어버리면 어쩌죠?』(2012)와 『시간자판기』(2018), 동인시집 『내 안에 하늘이 조금 더 컸으면 해』(2019)가 있다. 현재, 대학에서 기초 글쓰기 및 한국어를 강의하고 있다.

나뭇잎의 숙제

누가 잘 물들었나,
나뭇잎이
숙제검사 받는 날.

나는
반은 노란색
반은 초록색

내 짝꿍은
온통 초록색.

조마조마한 마음.

그렇지만 선생님
조금 늦을 수도 있잖아요.

저희도 곧
예쁘게 물들 거예요.

달과 구름

추운 겨울 밤
달이
혼자 나왔다.

달아!
춥지?

구름이
달을 덮어준다.

밥풀꽃

앞니 두 개
두 살 배기
아기 볼에
온통 밥풀이 묻었다.

나비가
꽃인 줄 알고
아기 볼에
뽀뽀하겠다.

삼형제가 자는 법

가위바위보!
와! 이겼다!
작은 형이
엄마 오른쪽에 눕습니다.

가위바위보!
와! 이겼다!
큰 형은
엄마 왼쪽에 눕습니다.

으앙—
나도 엄마 옆에서 잘 거야.

막둥이는
엄마 가슴에
얼굴을 파묻고 울다가
그대로 잠이 듭니다.

엄마는
이불을 덮지 않아도
따듯합니다.

쌔근쌔근—
자면서도 삼형제는
엄마 냄새를 맡습니다.

시간 자판기

아~
공부, 또 숙제
시간이 부족해!

모은 용돈으로
시간을 사러 갔다.

① 공부할 시간
② 놀 시간
③ 잠잘 시간
④ 군것질 할 시간

②번 버튼을
꾹 누르는데

'깜박깜박'
품절이네.

누가
몽땅
사갔나 봐.

이잉,
또 못 놀겠네!

아침 풍경

나팔꽃 봉오리에 앉아
늦잠 자고 있어요.

나팔꽃은
풀잠자리 깰까 봐
나팔을 불지 않았어요.

엄마는 걸어 다니는 집

엄마는
걸어 다니는
작은 집이야.

젖병
보온병
기저귀
공갈젖꼭지
여벌옷이랑
아기 그림책도 몇 권.

부엌
화장실
아기 옷장과 책장을
등에 메고 다니지.

유희윤

충남 당진에서 태어났으며 2003년 부산일보신춘문예 동시 「사다리」 당선. 대산창작지원금, 도봉문학상, 방정환문학상을 받았다. 지은 동시집 『내가 먼저 웃을게』, 『하늘 그리기』, 『참 엄마도 참』, 『맛있는 말』, 『난 방귀벌레 난 좀벌레』, 『잎이 하나 더 있는 아이』 등이 있으며 초등학교 교과서에 「눈 온 아침」, 「봄눈」, 「비 오는 날」, 「개미」, 「고양이 발자국」, 「거미의 장난」이 실렸다.

뒹굴뒹굴 놀다 보면

숙제 끝났지?
나랑 놀자.

눈치 빠른 동화책이다.

좋아,
마루에 뒹굴뒹굴
동화책이랑 놀다 보면
나는 어느새
동화속의 주인공이 된다.

컴퓨터게임, 이제 실증나지?
그만하고 나랑 놀자.

오늘은 동시집이다.

그럴까,
뒹굴뒹굴
동시랑 놀다 보면
나도 몰래 시를 쓰고 있다.
꼬마시인이 된다.

사다리

한 발 한 발
차근차근 오르렴.

발판이 되어 주고
손잡이가 되어 주는
사다리

사다리는
아버지를 닮았다.

두 발을 땅에 묻은 듯
높은 벽을 꽉 잡은 듯

다 오른 뒤에도
그 자리에 그냥 서 있다.

한 발 한 발 조심조심
꼭 잡고 내려오라고
그 자리에 그냥 서 있다.

눈 온 아침

산과 들이 하얀 이른 아침
나는 동화 속 아이가 되어
눈 위를 걸어갑니다.

한참 걷다가 뒤돌아보면
움푹움푹
나를 따라오는 발자국.

숲속의 요술쟁이 할멈을 만나도
난 안 무서워!

나는 다시 걸어갑니다.

이렇게 자꾸만 가면
온 세상 하얗게 만든 분을
꼭 만날 것만 같습니다.

고양이 발자국

하수도가 막혀
공사를 했다.

새 관 다시 묻고
시멘트 새로 발라
깔끔하게 마무리한 아저씨

"오늘은 사용하지 마세요,
밟아도 안 됩니다."

밟지 말라는데
고양이가 밟았다.

발자국은
꽃모양

무슨 꽃일까?
고양이는 알까?

새로 바른 시멘트 위에
다섯 송이 꽃이 피었다.

귤

왼쪽에 한 알
오른쪽에 한 알

양쪽 주머니에
귤 향기 가득 담고

만지작만지작
학교에 가며

룰룰루

한 쪽씩
한 쪽씩

칼 없이도
나눌 수 있으니
얼마나 좋아.

짝꿍과
앞자리 뒷자리 친구를 생각하며

랄랄라

고등어 탄다, 고등어 타

우리 엄마
수돗물 틀어놓고 설거지할 때
가스레인지 앞에서 고등어 구울 때
앞치마 끈은 등 뒤에 얌전히 묶여있지.

그럴 때
내 손도 달려가
엄마 허리 감싸 묶지
앞치마와 반대로.

"얘가 왜 이래"
아니면
"고등어 탄다, 고등어 타!"

그냥 그러는
엄마 목소리
그냥 좋아서

엄마 등에
귀를 붙이고 듣지.

"얘가 왜 이래"
"고등어 탄다, 고등어 타!"

코딱지 싸움

더럽다
네 코딱지

안 더럽다
내 코딱지

더럽다니까
네 코딱지

안 더럽다니까
내 코딱지

정말 더럽다니까
네 코딱지

그래그래, 정말 더럽다
네 코딱지는.

정진아

전남 담양에서 태어났고, 서울에서 성장했다. 1988년 동시 「겨울에 햇빛은」으로 아동문학평론 신인상을 받았다. EBS FM 〈정애리의 詩 콘서트〉 방송원고를 집필하고 있다. 지은 책은 동시집 『난 내가 참 좋아』, 『엄마보다 이쁜 아이』, 『힘내라 참외 싹』, 옛이야기그림책 『빤짝빤짝 꾀돌이 막둥이』, 시에세이 『맛있는 시』 등이 있으며, 중학교 교과서에 「참 힘센 말」과 「가을별」이 실렸다.

양달

시린 겨울날,
언니는 동생 손 잡고
양달에 와 앉았다.

머리 위부터 발끝까지
골고루 퍼지는
햇살.

"따뜻해."

마주 보며 웃는
언니와 동생
양달에 핀 겨울 해바라기.

우리집에 코끼리가 놀러온다면

우리 집에
코끼리가 놀러 온다면
어쩌지?
초대해도 괜찮을까?

집이 좁아 곤란하다면
서운해 할지 몰라.

좁으면 어때?
앉을 자리 없으면
난 코끼리 등에 올라타면 되지.

대문 앞에
'환영! 코끼리'
써 붙이면
우리 집, 어딘지 얼른 찾아올 거야.

긴 코 쑥 내밀며
악수하자면 어쩌지?
작은 손이라도 내밀면 되지.

덥다면 어째?
아,
펄럭펄럭 큰 귀로 부채질하라지.

그래, 걱정 없다.
초대하자!

난 내가 참 좋아

땅콩, 땅꼬마 그렇게 불러도
난
내가 참 좋아.

체육 시간
장애물 통과는
다람쥐보다 빠르고,

줄 설 때
맨 앞에서
선생님 얼굴 가까이 보고,

책상 아래
쏙, 숨을 수도 있잖아.

땅콩, 땅꼬마 자꾸자꾸 불러도
난
내가 참 좋아.

하늘은

산에 오르면
하늘은 저만치 더 멀어집니다.

산에서 내려오면
하늘은 이만치 더 따라옵니다.

힘내라, 참외싹

강가 모래밭 걷다가
멈췄다.

새끼손톱만 한 떡잎을
굳건히 밀어 올린
싹
하나에

– 엄마, 새싹이야.
– 참외 싹이네.
모래톱에서
잘 자랄 수 있을까?

두둑두둑 모래 다져
뿌리 덮어 주고,
작은 돌멩이로 울타리 세웠다
강바람 잘 이겨 내라고.
힘내라, 참외 싹!

가을볕

골목길 걷는 동안
내 등에 업힌 가을볕

동생 숨결처럼
따뜻하게 느껴지고

아랫목
할머니 품처럼
시린 어깨 감싸 주고

초록대문

푸릇푸릇 새잎 틔울 것 같은
그 아이네
초록대문

안녕, 어서 와, 잘 가, 또 만나…
다정한 인사를
꼴깍꼴깍 받아먹는
초록대문

쓱—
당기면
스르륵 열리는
초록대문

멀찍이 떨어져 서성대는
나에게만
꾹 닫혀있는
초록대문

차영미

경남 밀양에서 태어나 부산에서 오래 살았다. 2001년 아동문학평론 신인상을 받고 등단했으며, 서울문화재단 창작지원금, 아르코 창작 지원금, 이주홍문학상을 받았다. 지은 책으로 동시집 『학교에 간 바람』, 『막대기는 생각했지』, 역사그림동화책 『어진 선비 이언적을 찾아서』가 있다.

비 개인 아침

풀여치
한 마리

파르르
젖은 날개를 턴다.

비 개인
아침,

들판도
덩달아

푸드득
초록 날개를 편다.

시냇물의 노래

우리
낮은 곳으로
돌돌돌 흐르다
작은 개울을 만나면
어깨동무 하고 가자.
냇물에 다다르면
나란히 발맞춰 흐르고
들판을 적시는 강을 만나면
넘실넘실 춤도 추자.
흐르고 흘러
저 푸른 바다에
마침내 닿으면, 그땐
손에 손 꼬옥 잡고
와아아아
소리 높여 달려 나가자.
달리다 달리다 그만
졸졸졸 개울이 그리워지면
하얀 바람에 실려
솔향기 골짜기 찾아가자.
어린 소나무의 마른 발을
흠뻑 적셔주자.

우리….

1월

눈이 내렸고

바람이 불었고

길이 자주 얼었고

사람들은
종종걸음을 치고

밤하늘에는
시리게 빛나는 별이
더
돋아나고

안녕, 친구!

우리 동네에 오래된 공터가 있었어.
어른들은 몰래몰래 쓰레기를 갖다버리고
우리들은 나란히 서서 누가 멀리까지 가나
찔찔찔 침을 뱉고, 귤껍질을 던지고, 와삭와삭
빈 과자봉지를 버렸지. 그러던 어느 날

공터 옆구리에서 톡톡톡, 봉선화가 피었어.
얼마 뒤엔 분꽃이 방글방글 피고
곧이어 백일홍이 빨갛게 피었어.
처음엔 다들 모른 척 지나쳤지.
얼마안가 누구도 그 곳에 침을 뱉지 않았어.
과자껍질도 던지지 않았지, 물론.

그런 동네 공터에
눈 시린 하늘이 내려와 놀다가고
속닥속닥 보슬비도 놀다가고
등이 파란 바람도 다녀갔어.
보슬비가 다녀간 촉촉한 오후,
나는 금잔화 씨앗 한 줌을
공터 발등에 꼭. 꼭. 꼭 심었어.

나 정말 뿔났다!

늘 하던 대로 배춧잎 쪼끔
먹고 있었을 뿐이야.
아차차,
그 사이 잠시 졸긴 했어.
하지만 덜컹덜컹
택배 차에 실어 보낸 건
정말 너무하지 않아?
개울물 돌돌돌 흐르는
고향집 배추밭으로 보내줘!

시골 할머니가 보낸
택배 상자 속에서 나온
내 엄지손톱만한 달팽이
싱크대 위를
마구 누비고 다닌다.

건드리지 마!
나 정말 뿔났다!

씨앗 한 알

뒷산
커다란 참나무도,

마을 앞
아름드리 느티나무도,

후우우우
꽃향기 실어 보내는
언덕 위 키 큰 아카시아나무도,

처음엔
조그만
씨앗 한 알이었대.

키 작고
손이 쪼끄만
우리들처럼

까맣고
단단한
씨앗 한 알이었대.

고양이를 만난 날

길모퉁이
하얀 고양이를 따라
달려갔어.

깜빡
숙제를 잊고,

깜빡
엄마를 잊고,

깜빡
나를 잊고,

니야옹—
니야아옹—

한상순

전북 임실에서 태어났으며 1999년 자유문학〈동시〉으로 등단. 대산창작지원금, 황금펜아동문학상, 우리나라좋은동시문학상, 한국아동문학상 등을 받았고 지은 동시동시집 『예쁜 이름표 하나』, 『갖고 싶은 비밀번호』, 『뻥튀기는 속상해』, 『병원에 온 비둘기』, 『딱따구리학교』 등이 있으며 동화그림책 『호랑이를 물리친 재투성이 재덕이』 등이 있다. 초등학교 국어교과서에 「좀좀좀좀」, 「기계를 더 믿어요」가 실렸다.

하품

내 입속에
나보다 더
입이 큰 놈이 하나 있다.

아함~
봐라.

남겨놓은 대추

추석에 따 온
대추.

덜 익어 안 먹고
남겨놓은 대추.

한 밤
두 밤
세 밤

해님이
언제 다녀간 걸까?

발갛게 익었다.
참
달다.

발자국

새들은
발자국을 남기고 싶을 때

나뭇가지에서
살풋
땅으로 내려온다.

게들도
발자국을 남기고 싶을 때

바다 속 동그란 집에서
자박자박
갯벌로 올라온다.

꽃씨의 멀리뛰기

한낮,

해님이 눈을 크게 뜨고
뜨거운 입김 훅-

살짝 바람이 닫는 순간,

오롱조롱 매달려 있던
봉숭아 꽃씨 형제들
톡
토독

나는 장독대
너는 우물가……

누가 더 멀리 뛰나
내기 한 거야.

지금은 모르지
내년 이맘 때
꽃피면
알지.

너 참, 겁도 없다

우리 집 골목
전봇대 아래

깨진 함지박에 뿌리 내린
나팔꽃.

초록 손
불쑥 내밀어

전봇대 허릴 잡고
기어오른다.

야, 드디어
꼭대기다.

골목을 지나던 고양이
나팔꽃 쳐다보며 몇 마디

이제 어쩔래?
어떻게 내려올래?

너 참, 겁도 없다!

딱이야 딱

용택이네
돌담 구멍
딱새네 집으로
딱이야 딱.

수정이네
장작더미 틈 새
딱새네 집으로
딱이야 딱.

연통 구멍
비닐하우스 귀퉁이
할머니네 빨간 우체통까지
모두 딱새네 집.

여기저기 딱새네 집으로
딱이야 딱!

원장님 우리 아빠

우리 아빠는
원장님
종합병원 원장님.

전철역 입구에서 몇 발짝 떼면
한 평도 채 안 되는 네모난 병원.

여기에서 아빠는
구두 코 반짝여주는
피부과 의사도 되었다가

찢어진 상처 촘촘히 꿰매는
성형외과 의사도 되었다가

다 닳아진 뒤축 떼어내고
새것으로 착, 갈아 끼우는
정형외과 의사도 되었다가

가끔씩은
갈비뼈 부러진 낡은 우산도
구석에 기대서서
아빠의 진찰을 기다리는
구두 종합병원.

아빠는
원장님.

층층나무

발행일 · 2019년 11월 25일

지은이 · 김금래 외 8인
표지화 · 김 천 정
펴낸이 · 박 종 현
편집장 · 박 옥 주
펴낸곳 · 세계문예

등록일 · 1998년 5월 27일 (제7-180호)

대　　표 · 02)995-0071　편집부 · 02)995-1177
영업부 · 02)995-0072　팩　　스 · 02)904-0071
주간실 · 02)995-0073

E-mail · adongmun@naver.com
　　　　· adongmun@hanmail.net
Homepage · www.adongmun.co.kr

(01446) 서울시 도봉구 도봉로 109길 78

ISBN 978-89-6739-143-0　03810

이 도서의 국립중앙도서관 출판예정도서목록(CIP)은 서지정보유통지원시스템 홈페이지 (http://seoji.nl.go.kr)와 국가자료종합목록시스템(http://www.nl.go.kr/kolisnet)에서 이용하실 수 있습니다.(CIP제어번호 : CIP2019046177)